Paule Battault
Caroline Hüe

C'EST QUI, LE PLUS ÉCOLO ?

MILAN

À L'ÉCOLE

TU FAIS, OU TU NE FAIS PAS...

Préférer les mouchoirs
en tissu, qu'on peut laver.

Brader tes jouets de bébé.

Dessiner sur les deux côtés
de la feuille.

Partager tes affaires.

Perdre tes affaires.

Réclamer un nouveau cartable à chaque rentrée.

Laisser traîner ton sac sous la pluie.

Piquer une crise pour aller à l'école en voiture.

QUEL CARTABLE A LA MEILLEURE NOTE ÉCOLOGIQUE ?

Cartable en plastique
Briquette et paille à usage unique
ALERTE ROUGE

C'EST QUI, LE PLUS ÉCOLO ?

Quand tu as soif, tu bois :

M. De l'eau dans ta gourde.

D. Du soda couleur caca.

R. Du jus de fruits bien chimique.

Et après ?

M. Tu ranges ta gourde dans ton cartable.

D. Tu « oublies » la bouteille vide sous le banc.

R. Tu vises la poubelle et tu la rates.

Pour toi, le goûter, c'est :

M. La fête des gourmands ! Miam !

D. La fête des papiers !

R. Pas trop la fête... Berk !

Ta trousse est :

M. En toile, toute simple.

D. En peau de rhinocéros.

R. Phosphorescente et équipée d'un assistant vocal.

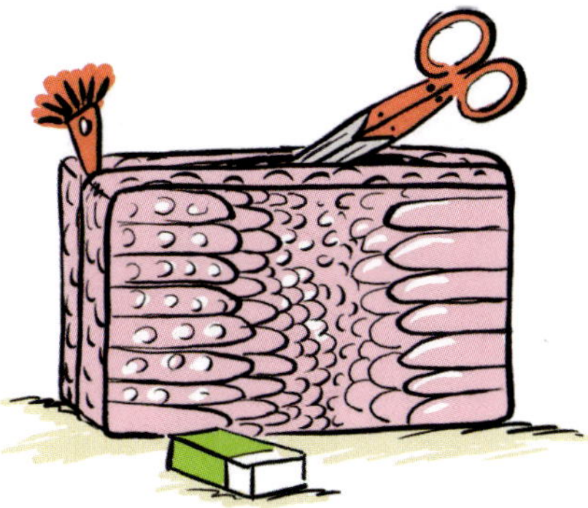

TU DIS, OU TU NE DIS PAS...

À la cantine :

Quand papa prépare tes goûters de la semaine :

Au directeur de l'école :

À un camarade
fan de BD comme toi :

À ton grand frère,
qui t'accompagne à l'école :

Quand la salle de classe sent le poney :

LA BONNE QUESTION À TE POSER :

« EST-CE QUE J'EN AI VRAIMENT BESOIN ? »

À LA MAISON

TU FAIS, OU TU NE FAIS PAS...

Laisser couler l'eau
pour rien.

Éteindre ton poste CD
plutôt que de le laisser en veille.

Gaspiller la nourriture.

Nourrir les oiseaux
en hiver.

Boire l'eau du robinet.

Passer ta vie
devant les écrans.

Coller un « Stop pub »
sur la boîte aux lettres.

Allumer la lumière
en plein jour.

REPÈRE LES BONS COMPORTEMENTS

BAM! BAM!
CRACK!

C'EST QUI, LE PLUS ÉCOLO ?

Avant de quitter une pièce :

M. Tu allumes toutes les lumières.

D. Tu éteins la lumière.

R. Tu ouvres la fenêtre et tu montes le chauffage.

Le soir, tu es plutôt :

M. Chantons sous la douche.

D. Concours de mousse.

R. Toilette rapide.

Quand tu es au bout du rouleau :

M. Tu le jettes dans la cuvette.

D. Tu le transformes en cadeau pour la fête des Mères.

R. Tu le tartines de gel W-C, puis tu le donnes à manger au chien.

Le compost, c'est :

M. Une bonne idée pour transformer certains déchets en nourriture pour les plantes.

D. Berk ! Pouah ! Pas pour toi !

R. Un vilain gros mot ?

PILE OU FACE ?

Un pull tricoté
avec amour

ou un sweat-shirt fabriqué
avec du pétrole ?

Des fraises en hiver

ou des fraises au printemps ?

De la viande
à tous les repas

ou de la viande seulement
de temps en temps ?

Une vraie
pomme

ou une pomme
trop belle pour être vraie ?

Des animaux en liberté

ou des animaux en captivité ?

La vaisselle lavable

ou la vaisselle jetable ?

LA BONNE QUESTION À TE POSER :

« DANS QUELLE POUBELLE LE JETER ? »

EN VACANCES

TU FAIS, OU TU NE FAIS PAS...

Cracher ton chewing-gum par terre.

Accompagner mémé au marché.

T'amuser dans l'eau.

Gaspiller l'eau.

Faire la sieste
sous un arbre.

Marcher en dehors
du sentier.

Faire pipi sur une fourmilière.

Exterminer les abeilles
du camping.

ILS SONT SIX TRÈS MAUVAIS EXEMPLES À NE SURTOUT PAS SUIVRE. TROUVE-LES !

Chips
clic!
ZONE Protégée
Jet's

C'EST QUI, LE PLUS ÉCOLO ?

Vacances à la campagne. Tu en profites pour :

M. Fabriquer un hôtel à insectes.

D. Faire une virée en quad.

R. Peindre toutes les vaches en jaune.

Tu découvres des petites fleurs très rares :

M. Quelles fleurs ? Oups...

D. Clic ! Tu les prends en photo.

R. C'est maman qui va être contente !

Pour passer le temps en bord de mer :

M. Tu participes à l'opération « Une plage plus propre ».

D. Tu assistes à un spectacle de dauphins.

R. Tu fais des bulles.

Quel souvenir rapportes-tu de tes vacances ?

M. Un morceau de corail. Ultra-rare !

D. Un porte-bonheur en plastique *made in China*.

R. Des galets ramassés que tu vas décorer.

TU DIS, OU TU NE DIS PAS...

Quand tu commences à t'ennuyer :

Face à un animal sauvage (trop mignon) :

Dans les embouteillages :

Quand on t'oblige à ramasser les déchets du pique-nique :

Quand tu es pris(e) en flagrant délit de jet de tube vide de crème solaire dans la nature :

Au loueur de vélos :

LA BONNE QUESTION À TE POSER :

« EST-CE QUE JE PEUX ME LE FAIRE PRÊTER ? »

AUX GRANDES OCCASIONS

TU FAIS, OU TU NE FAIS PAS...

Partager tes jouets.

Ne pas pleurer la fin
des pailles en plastique.

Recycler
les piles usées.

Fêter ton anniversaire
dans un fast-food.

Demander un cadeau « expérience », comme un spectacle, plutôt qu'un jouet.

Refuser le jouet d'occasion de tonton.

Emballer tes cadeaux dans du papier journal.

Préférer les œufs de Pâques du chocolatier aux œufs en chocolat du supermarché, super-emballés.

QUELLE FÊTE N'EST PAS UN CADEAU POUR LA PLANÈTE ?

C'EST QUI, LE PLUS ÉCOLO ?

Ton robot pirate de l'espace a un bras cassé :

M. Tu essaies de le réparer.

D. Tu le rajoutes sur ta liste de cadeaux de Noël.

R. Tu le balances par-dessus bord.

À Noël, tu commandes :

M. Tous les jouets du catalogue, pas de chichis.

D. Un dinosaure de compagnie, sauf que ça n'existe plus… Snif !

R. Un ou deux jouets avec lesquels tu vas t'amuser des heures parce que tu peux faire mille choses avec.

Quand un cadeau ne te plaît pas :

M. Tu l'oublies dans un coin.

D. Tu le jettes par la fenêtre, puis tu en réclames un autre.

R. Tu le gardes, tu l'offriras à quelqu'un qui l'appréciera.

Ton dessert de Noël préféré :

M. La fameuse bûche à la crème de marrons de mamie.

D. Une bûche glacée au chocolat et à la vanille de Madagascar.

R. Une tarte aux fraises. Y en a toute l'année au supermarché !

TU DIS, OU TU NE DIS PAS...

À la petite souris :

À la directrice de l'école, qui veut organiser un lâcher de ballons :

Au rayon des piles :

Le jour de l'an :

À ton petit cousin :

À ta sœur, qui s'émerveille devant un petit sapin en forêt :

LA BONNE QUESTION À TE POSER :

« EST-CE QUE C'EST RÉPARABLE ? »

Cet ouvrage a été imprimé en France, par un imprimeur certifié Imprim'vert, avec des encres végétales, sur un papier issu de forêts gérées durablement.

1, rond-point du Général-Eisenhower, 31101 Toulouse Cedex 9, France

Dépôt légal : avril 2020
ISBN : 978-2-4080-1740-8
Achevé d'imprimer au 1er trimestre 2020 par Pure Impression, Mauguio
editionsmilan.com

Tu vides tes étagères et connais déjà ce livre par cœur ? Donne-le !